XAMENS DE DOCTORAT

INTERROGATIONS

RECUEILLIES ET CLASSÉES

PAR

V. LERAY

LICENCIÉ ÈS-SCIENCES MATHÉMATIQUES,
DOCTEUR EN DROIT,
RÉPÉTITEUR DE DROIT.

TOME PREMIER

PREMIER EXAMEN : DROIT ROMAIN

ANNÉES 1892 ET 1893

Prix : 1 fr. 25

PARIS

V. LERAY, Avenue des Gobelins 20

N. B. — Chaque année, ce recueil s'augmentera d'un fascicule contenant les questions récemment posées.

ANNEES 1892 ET 1893

Le droit des personnes.

1. — Origine des Latins coloniaires. Comparer la condition des Latins coloniaires : 1° avec celle des citoyens romains ; 2° avec celle des Latins-Juniens.

2. — L'adrogation des impubères était-elle possible à l'origine ? — Pourquoi ne l'était-elle pas ? — Quel est l'empereur qui a permis une semblable adrogation ? — Quelle est la promesse que devait faire l'adrogeant et à qui cette promesse devait-elle être faite ? — Pourquoi, dans cette stipulation, les héritiers présomptifs de l'adrogé impubère n'intervenaient-ils pas eux-mêmes directement ? — Etait-il juridique que ces héritiers devinssent, par l'intermédiaire d'un *servus publicus*, créanciers par suite de la stipulation ? — Quel était alors, par suite de cette dérogation aux principes généraux, le caractère de l'action dont les héritiers étaient titulaires contre l'adrogeant ? — Cette action était-elle directe ou seulement utile ?

3. — La quarte Antonine. Qu'appelait-on *oratio* ? *Oratio Antonini.* — *Quid* de la révocabilité des donations entre époux ?

4. — *Manus extranei, fiduciæ causâ, interimendorum sacrorum causâ.*

5. — La *manus*. — Différence entre le concubinat et les *justæ nuptiæ*. — Comment s'établissait la *manus* ? — Sur quels principes Servius Tullius a-t-il basé ses classes ? — Analogies avec la Révolution Française ?

6. — Du *mancipium fiduciæ causâ.*

7. — Effets de l'émancipation en droit civil. — Effets de la *capitis deminutio*. — Réforme en ce qui concerne les effets de l'émancipation ; — différence entre la *bonorum possessio unde liberi* et la *bonorum possessio contrâ tabulas*. — A qui le préteur accorde-t-il la *bonorum possessio unde liberi* ? Effets de l'émancipation dans le Bas-Empire.

8. — Comparer la *patria* et la *dominica potestas*.

9. — De la loi *Visellia*. — Un esclave pouvait-il stipuler pour son maître, promettre pour son maître ? S'il promettait personnellement, était-il tenu d'une obligation naturelle ? Pouvait-il obliger son maître quand il était à la tête d'un pécule, d'un navire, d'un cabaret ? Pouvait il obliger son maître par ses délits ? Abandon noxal.

10. — De la nationalité à Rome. — De la *media capitis deminutio*. — *Causœ probatio*. — *Erroris causœ probatio*. — Comment perdait-on la nationalité romaine *dicatione aut postliminio* ?

11. — Introduction de la curatelle à Rome. Loi *Plœtoria* ; — *restitutio in integrum*. — Curatelle générale au Bas-Empire. — Pouvoirs successivement donnés aux curateurs. — De la *venia œtatis*.

12. — Personnes morales publiques, privées. Autorisation de l'État. — L'*actor* des corporations. — De l'hérédité jacente. — Des *universitates*. — Personnes morales au Bas-Empire. — *Quid* lorsqu'un *libertus civitatis* plaidait contre la cité ?

Propriété et possession.

13. — Comparer la propriété quiritaire et la propriété bonitaire. — Situation juridique des fonds provinciaux.

14. — Un mandataire ou un créancier gagiste ont le droit de vendre. Peuvent-ils transférer le *dominium ex jure quiritium* des *res nec mancipi* ? — Des *res mancipi* ? Mêmes questions relativement au tuteur ou au curateur datif, quant aux biens des mineurs.

15. — De la possession de bonne foi. — Fruits civils, fruits naturels. — N'y a-t-il pas des fruits civils que la loi considère comme des fruits naturels ?

16. — De la possession. Ses effets. Interdits possessoires. — La possession du créancier gagiste : pourquoi a-t-il les interdits ? — Détention du locataire. — L'usufruitier a-t-il les interdits ? *Quid* du précariste ? — Comparer la possession de l'usufruitier avec celle du créancier gagiste.

17. — Possession. — Quasi-possession. — La *potestas dominica* (ou *patria*) peut-elle donner lieu à une quasi-possession ? — Quels sont les droits résultant du simple fait de la possession ? Pourquoi le possesseur a-t-il des interdits ? — Pourquoi la loi protége-t-elle la possession ? — L'usucapion peut résulter quelquefois de la possession. Qu'est-ce que le juste titre ? la bonne foi ? — Comment faut-il entendre cette règle qu'un vendeur doit seulement procu-

rer à l'acheteur la *vacua possessio*? — Le titre putatif équivaut-il au juste titre pour conduire à l'usucapion? Exemple d'un possesseur n'ayant qu'un titre putatif.

18. — Que savez-vous de la quasi-possession? — Son origine. — L'idée de possession s'appliquait-elle à tous les biens? — Pourquoi les Romains n'admettaient-ils pas la possession des *res incorporales*? — Pourquoi n'admettaient-ils pas à l'origine que l'on pût posséder un usufruit? — A quelle époque apparut la quasi-possession?

19. — Théorie du sénatus-consulte Jouventien.

Usufruit et servitudes.

20. — Justinien décide que les servitudes s'établissent *pactis et stipulationibus*; — il a copié Gaius, soit; mais alors, il ne savait donc pas ce qu'il faisait?

21. — Comment peut-on constituer, entre vifs, un droit d'usufruit? — Peut-on conférer l'usufruit par tradition? — Comment la mancipation peut-elle servir à constituer l'usufruit? — L'usufruit peut-il être établi sur un fonds provincial? — Comment un propriétaire pouvait-il procurer sinon l'usufruit lui-même sur le fonds provincial, du moins les avantages attachés à cet usufruit? — La constitution d'usufruit d'après le droit prétorien. — Quasi-tradition des servitudes. Je suppose un fonds italique: pourra-t-on acquérir par usucapion une servitude sur ce fonds? — Comment concevoir que Justinien assimile les fonds provinciaux et les fonds italiques, alors que l'Italie ne lui appartenait pas?

22. — De la caution donnée par l'usufruitier. — Pourquoi la loi *Aquilia* était-elle insuffisante à garantir le nu-propriétaire?: *culpa in omittendo, culpa in committendo*.

De certains modes d'acquérir.

23. — De l'*usucapio lucrativa pro herede*. — Epoque antérieure à la loi *Scribonia*. — De la loi Scribonia au Sénatus-consulte Jouventien; — Du Sénatus-consulte Jouventien à Marc-Aurèle. Pouvait-il encore être question, sous Justinien, de l'*usucapio lucrativa pro herede*?

24. — Théorie des donations. — Loi *Cincia*. — Mort du donateur. — Qui a créé l'insinuation?

25. — De la loi *Julia de adulteriis* dans ses prescriptions relatives au fonds dotal: la prohibition d'hypothéquer vient-elle de la loi Julia ou du Sénatus-consulte Velléien ?

26. — Comparer la *justa causa* dans la tradition et dans l'usucapion.

27. — *Præscriptio longi temporis.*

28. — Des pécules des fils de famille. — Pécule castrens, quasi-castrens; — Des *bona adventitia*. — Des droits respectifs du fils de famille et du *pater-familias* sur ces divers pécules. — Le Sénatus-consulte Orphitien et la restitution de la dot.— La théorie des *bona adventitia* a-t-elle eu de l'influence sur la théorie de la *collatio bonorum emancipati* ?

29 — De la dot.— Du Sénatus-consulte Orphitien. — Influence de ce sénatus-consulte sur la théorie de la dot. — Des *bona adventitia*, et des modifications apportées à la *collatio bonorum emancipati*.

30. — Qu'advenait-il, à Rome, des donations inofficieuses? des dots inofficieuses ?

31. — *Venditio bonorum.* — Qu'est-ce qu'un *indefensus*? — Pourquoi vendait-on en masse? De la *formula Serriana* dans l'*emptio bonorum*; — *emptor* considéré comme héritier prétorien : — inconvénients de ce système, notamment au cas où le *defraudator* était usufruitier.— De la *formula Rutiliana*. — Ses avantages sur la *formula Serriana*.

32. — De la *cessio in jure* d'une hérédité. Quelles sont les *successiones* qui transféraient le patrimoine d'une personne morte? — Quelles sont celles qui transféraient le patrimoine d'une personne vivante ?

Successions

33. — De la *Testamenti factio activa, passiva*. — Des Latins-Juniens. — Explication de la maxime : *tempora media non nocent*. — Testament du citoyen romain tombé en captivité. — Le fils de famille pouvait-il tester sur ses *bona adventitia ?*

34. — Règle : *uti legassit paterfamilias, ita jus esto*. — Restrictions successives. — Première restriction contemporaine aux Douze-Tables : *nemo partim testatus, partim intestatus decedere potest*. — Restrictions postérieures : nécessité d'exhéréder. — Puisque le fils de famille était copropriétaire, il semble étrange qu'on pût l'exhéréder? — Institution *ex certâ re*.

35. — De la règle : *Nemo partim testatus, partim intestatus decedere potest* ; — quid de l'institution *ex certâ re* ? — La théorie de la *querela inofficiosi testamenti* ne présentait-elle pas des cas dans lesquels la règle *nemo partim...* se trouvait violée ?

36. — Comparaison de la *querela inofficiosi testamenti* et de l'action en supplément organisée par Constantin.

37. — Comparer la *querela inofficiosi testamenti* : 1º avec la *petitio hereditatis*; — 2º avec l'action d'injures.

38. — Quels sont, dans la succession paternelle, les droits successoraux d'un fils émancipé ? Droits reconnus par le préteur. — Le fils émancipé a-t-il, le cas échéant, la *querela inofficiosi testamenti* contre le testament du père émancipateur ? — La *collatio bonorum* ; sa justification ; ses phases. — Le fils adoptif conserve-t-il des droits dans la succession de son père naturel ? Si l'adoptant émancipe l'adopté, celui-ci a-t-il des droits dans la succession de l'adoptant ? dans la succession de son père naturel, non encore décédé au moment de l'émancipation ? — Si le père naturel est décédé à ce moment, Justinien n'a-t-il pas modifié la solution antérieurement donnée ?

39. — Loi *Julia de maritandis ordinibus*. — Quelles sont les incapacités édictées par les lois caducaires ? Qu'est-ce qu'un *cœlebs*, un *orbus*, un *pater solitarius* ? — *Factio testamenti* et *jus capiendi*. — Droits des Latins-Juniens.

40. — Un créancier lègue à son débiteur ce qui lui est dû par ce dernier ; — quel est, dans le legs de libération, le droit du légataire ? — Supposons, inversement, qu'un débiteur lègue à son créancier ce qu'il lui doit ; — ce legs peut-il être, le cas échéant, réduit par application de la Falcidie ? — En tous cas ce legs devrait être nul comme n'ayant aucune utilité : hypothèses où cette utilité existe. — Du legs de la dot. — L'échéance d'une dette à terme arrive du vivant du débiteur, mais après la confection du testament de ce dernier : le legs de cette dette est-il frappé de caducité par application de la règle catonienne ? — Le testateur lègue dix qu'il dit devoir au légataire. L'héritier établit que le testateur n'était pas débiteur. Le legs est-il valable ?

41. — De la fusion des legs sous Justinien. — Garanties données aux légataires pour assurer le paiement de leurs legs. — *Cautio legatorum*. — Si le défunt était propriétaire de l'objet qu'il a légué, il semble qu'il vaut mieux pour le légataire se dire propriétaire, et agir comme tel, que se dire seulement créancier. Montrer qu'une créance, garantie par une hypothèque, est quelquefois préférable. — Comparer la *bonorum separatio* ancienne et l'hypothèque des légataires. Le légataire, argumentant de l'indivisibilité de l'hypothèque, peut-il demander la totalité de son legs à l'un quelconque des cohéritiers: *Quid* avant le partage ? — *Quid* après ?

42. — Théorie de la *separatio bonorum*.

43. — Comment était dévolue la succession : 1º d'un enfant émancipé, mort intestat ? 2º d'un Latin-Junien ?

44. — Fidéicommis d'hérédité. — Stipulations *partis et pro parte*. — Effets successivement produits par les sénatus-consultes Trébellien et Pégasien sur ces stipulations. — Fusion opérée par Justinien.

45. — Comparer le système successoral des novelles 118 et 127 et le système français.

46. — Du partage et de ses effets à Rome. — Opinion de Trébatius.

Contrats et obligations.

47. — Théorie de la *causa civilis*.

48. — De la *cause* dans les obligations. — Evolution de la preuve : apparition de l'exception de dol. — De la *condictio sine causa*. — Portée de l'*exceptio non numeratæ pecuniæ* en matière de preuve. — Réformes du Bas-Empire ; distinction établie entre le billet causé et non causé.

49. — Comparer le terme et la condition. — Doctrine attaquant la rétroactivité de la condition. — Conséquences.

50. — De la distinction à établir en matière d'*erreur* ; quand y a-t-il nullité ? — quand n'y a-t-il pas nullité du contrat ? — Portée du texte de Celse sur la *condictio sine causa*. — Le dol est-il une cause de nullité dans les contrats ? — Evolution de l'idée de dol dans les contrats. — Sanction. — Différents cas qui peuvent se présenter. — Dol dans les contrats de bonne foi. — Dol dans les contrats de droit strict.

51. — Date de l'introduction de la *formula Octaviana* en matière de violence ? — Moyens prétoriens pour remédier au contrat vicié *metu*. — Différences entre le dol et la *metus* ?

52. — Du *mutuum*. — Qu'est-ce qu'un contrat qui se forme *re* ? — Y a-t-il *mutuum* quand le *tradens* n'est pas propriétaire des choses par lui remises ? Le *tradens* n'aura-t-il pas alors une action en restitution ? Comparer la *condictio certi ex mutuo* et la *condictio sine causa*. — Quelles sont les conséquences, quant aux intérêts, de ce que le *mutuum* est de droit strict ? Le prêt était donc gratuit à Rome ? — *Quid* du *pacte* d'intérêts ? — Des pactes adjoints, *in continenti*, au *mutuum*. — Des prêts consentis par un pupille non autorisé de son tuteur. Des emprunts contractés par le pupille.

53. — Capacité des filles de famille. — Sénatus-consulte macédonien.

54. — Dépôt. — Situation du dépositaire. — *Mutuum* et dépôt irrégulier. — Transformation du dépôt en *mutuum*. — Différence entre la novation et l'extinction d'un contrat.

55. — Comparer le *mutuum*, le dépôt irrégulier, et le quasi-usufruit.

56. — *Contrats formels.* — Du *nexum.* — Définition. — Formes. — Évolution. — Rapports existant entre la forme du *nexum* et la transformation de la monnaie? — Sens de la Règle de la Loi des XII tables : « *in nexo mancipioque, uti linguâ nuncupassit, ita jus esto* »? — Rapport avec les formes nouvelles du *nexum*? — Transformation du *nexum.* — Ses rapports avec la *manus injectio.* — Sa valeur comme titre exécutoire. — Date et portée de la loi *Papiria.* — Objections contre les systèmes français tendant à expliquer la condition des *nexi.* — Date de l'apparition du contrat verbal.

57. — Division des stipulations. — Stipulations judiciaires. — Faire l'hypothèse dans laquelle il y a lieu à la stipulation *de servo persequendo restituendove pretio.* — Utilité, explication de cette stipulation. — Utilité de la caution *de dolo.* — Comparaison de l'action *ex stipulatu* et de l'action de dol.

58. — Énumération et explication des stipulations prétoriennes.

59. — Comparer l'*adjectus solutionis gratiâ*, l'*adstipulator*, et le *correus credendi*.

60. — Stipulations pour autrui. — Exceptions à la règle. — Peut-on stipuler pour ses héritiers? — *Pridiè quàm moriar?*

61. — Peut-on devenir créancier ou débiteur par l'intermédiaire d'autrui?

62. — *Promesses et stipulations pour autrui.* — Quelles sont les deux règles qui dominent la matière? — Leur portée exacte? — Où se trouvent-elles renfermées? — De qui est le fragment 38, D., de verb. obl. XLV, 1? — Développement de la 1ʳᵉ règle (*nemo alienum factum promittere potest*). — *Quid* dans les contrats de bonne foi? — *Quid* dans les contrats de droit strict? — Exceptions en matière de stipulation. — Développement de la 2ᵉ règle (*nemo alteri stipulari potest*). — Exceptions à la règle. — Dans quels cas un tiers devient-il créancier par le fait d'autrui? — Donner des explications détaillées en matière de constitution de dot et de dépôt, notamment sur les textes où siègent ces exceptions : de leur valeur. — Cas où un tiers acquiert une action pour lui-même sans avoir d'intérêt appréciable en argent. — Développement en matière de constitution de dot. — Donner des détails précis sur les promesses et stipulations pour nos héritiers. — Dans quel sens peut-on grever ou avantager un seul? — De la controverse classique sur la valeur de la stipulation « *mihi et Seio* ».

63. — Du cautionnement à Rome. — Étude spéciale de la *sponsio.*

64. — Bénéfice de division au profit des fidéjusseurs. — Qu'est-ce qui existait avant ce bénéfice? — Différences entre la *sponsio* et la *fidepromissio.* — Différences entre la loi *Furia* et le rescrit d'Adrien. — A quel moment la division se fait-elle dans la loi *Furia* et dans le rescrit d'Adrien? — Une exception peut-elle avoir un effet dilatoire?

65. — Un créancier a un débiteur principal et un fidéjusseur : Que peut-il faire? — Comment expliquer l'effet extinctif de la *litis contestatio?* — Comment corriger ce résultat? — *Fidejussio indemnitatis.* — Quand il y a mandat, donné par le fidéjusseur au créancier, de poursuivre le débiteur principal, quel est l'effet de la *litis contestatio?*

66. — Parler de la confusion en matière de fidéjussion. — Si la confusion se produit parce qu'un fidéjusseur succède au débiteur principal, ou réciproquement, quelle est celle des deux qualités, fidéjusseur ou débiteur principal, qui survit? — N'y a-t-il pas des cas exceptionnels où c'est la qualité de fidéjusseur qui survit? Comment, dans ce dernier cas, comprendre que l'obligation accessoire survive, alors que l'obligation principale disparaît? — *Quid* au cas où le débiteur principal a un terme, alors que le fidéjusseur n'en a pas? — Si le fidéjusseur avait fourni des sûretés au créancier pour garantir sa propre obligation, la confusion qui se produirait entre le débiteur principal et le fidéjusseur ferait-elle tomber ces sûretés?

67. — *Cautio damni infecti.* — Comment s'y prenait-on pour l'obtenir? Combien y a-t-il d'espèces de stipulations?

68. — Pourquoi le bénéfice de discussion s'est-il introduit si tard dans la législation romaine? *Fidejussio indemnitatis.* — Opinion isolée de Celsus.

69. — De l'*intercessio.* — Quels sont les cas d'*intercessio?*

70. — Du sénatus-consulte Velléien. — En avons-nous le texte? — Dans quels cas y a-t-il *intercessio?* — Différences entre la *fidejussio* et l'*expromissio.* — Le constitut peut-il réaliser une *intercessio?* — Que veut dire *constituere?* — Le paiement de la dette d'autrui est-il une *intercessio?* — Comment peut-on se porter caution quand on n'est pas présent? *Mandatum pecuniæ credendæ.* — Supposons qu'une femme, ayant intercédé pour autrui, contrairement au Velléien, paie le créancier : peut-elle répéter ce qu'elle a payé? — Tous les débiteurs qui paient, alors qu'ils peuvent opposer une exception perpétuelle, ont-ils ainsi la *condictio indebiti?* — Quelle est l'utilité que présente, pour le fidéjusseur qui paie le créancier, le bénéfice de cession d'actions?

71. — Parler des contrats formels. — Contrats *litteris.* — *Adversaria.* — *Codex.* — *Arcaria nomina, transcriptitia.* — Un pérégrin peut-il devenir créancier ou débiteur au moyen d'un contrat *litteris?*

72. — Système de la *querela non numeratæ pecuniæ.* Ce système ne concernait-il que les *argentarii?* — Origines de l'exception *non numeratæ pecuniæ.* — Exception de dol. — *Condictio sine causâ.* — L'exception *non numeratæ pecuniæ* apporte-t-elle des dérogations au droit commun? — Au point de vue de la preuve? — De l'exception *non numerata pecuniæ* dans les reconnaissances de dettes. — La *querela non numeratæ pecuniæ* est-elle perpétuelle?

73. — Mécanisme du contrat *litteris.* — Effets de l'*exceptio non numeratæ pecuniæ?* — Qu'entend-on exactement par *Querela non numeratæ pecuniæ?* — Époque de l'introduction de l'*Exceptio?* — Explication de la loi 3, Code, IV, 30. — Sens des mots : « *compellitur petitor probare* ». — Controverse. — Durée de la *querela non numeratæ pecuniæ.*

74. — De l'éviction dans la vente.

75. — De la *lex commissoria*. — Art. 1184, Code civil ; — Dans quelle partie du droit romain est-elle sous-entendue? Échange ; — Contrats innommés en général. — Comparer la vente et l'échange.

76. — Je suppose qu'un vendeur ne soit pas payé du prix. Quels sont alors ses droits ? — Lui donnera-t-on la revendication ? — Quel avantage lui procurerait la revendication ? — Est-ce qu'au cas de vente à terme, la tradition était nécessairement translative? — Le vendeur non payé avait-il le droit de demander la résolution de la vente ? — Supposons qu'il y ait eu vente à terme avec *lex commissoria*, que le vendeur ait fait une tradition translative de propriété, et que la vente se trouve ensuite résolue pour défaut de paiement du prix à l'échéance : Le vendeur peut-il agir en revendication pour se faire restituer la chose? — Quel intérêt y a-t-il à prendre parti sur cette question ?

77. — Vente. — Des cas où l'acheteur peut ne pas payer le prix.

78. — Obligations qui résultent de la vente. — Les risques : s'appliquent-ils à toutes les ventes?

79. — Cession de créances. — *Procuratio in rem suam*. — N'y a-t-il pas un autre procédé que la *procuratio in rem suam ?* Parler de la délégation, du *cognitor in rem suam*.

80. — *Mandatum pecuniæ credendæ* ; montrer que le mandat est ici détourné de sa fonction normale, et comparer le mandant avec le fidéjusseur ordinaire.

81. — Commenter la règle : « *ex pactis actio neque nascitur, neque tollitur* ».

82. — De la vertu des pactes, suivant qu'ils sont adjoints *in continenti* ou *ex intervallo*.

83. — Des contrats innommés : qu'y avait-il avant ? Dans quel ordre chronologique se sont-ils formés? Le contrat innommé *facio ut facias* est-il venu le dernier?

84. — Théorie de l'*Æstimatum*.

85. — Des pactes et de l'*æstimatum* en particulier ; — définir l'*æstimatum* ; — Intérêt de celui qui donne et de celui qui reçoit. Différences entre le *mutuum* et l'échange.

86. — Du droit de suite et du droit de préférence des créanciers hypothécaires.

87.—Distinction entre les sûretés réelles et personnelles.

88. — Le droit romain a-t-il toujours admis la compensation ? Réforme de Marc-Aurèle. Que veut dire Justinien quand il décide que la compensation s'effectue *ipso jure?*

Actions et procédure.

89. — De la procédure *per sponsionen.*

90. — Système formulaire. — Procédure *in jure :* — *Vocatio in jus ; Vadimonium ; actionis editio ; postulatio actionis ;* délivrance de la formule ; — *litis contestatio.*

91. — Comparer la novation et la *litis contestatio.* La *litis contestatio* éteint-elle l'obligation *ipso jure* ou *exceptionis ope ?* Importance de la question.

92. — Sous le système formulaire, les parties peuvent-elles plaider par mandataire ? — Quelles sont les différences entre le mandataire *ad litem,* le *cognitor,* le *procurator ?* Quelle sera la formule au cas de constitution d'un mandataire *ad litem ?* — Caution *rem dominum ratam habiturum.* — Caution *judicatum solvi.* Quand la caution *judicatum solvi* devait-elle être fournie ? — Un demandeur a constitué un mandataire en justice ; le juge donne gain de cause au demandeur : qui pourra intenter l'action *judicati ?* Le mandant ou le mandataire ? — A l'origine, c'est seulement le mandataire : pourquoi ?

93. — Développer cette maxime des commentaires de Gaïus : *« omnia judicia sunt absolutoria ».*

94. — Comparer la revendication et la *petitio hereditatis.*

95. — *Cautio judicatum solvi.*

96. — Actions réelles ; — actions personnelles. — A Rome, toutes les condamnations sont pécuniaires. — Quel est l'avantage initial (alors que la formule n'est pas encore arbitraire) de celui qui intente une action réelle, sur celui qui intente une action personnelle ? Caution *judicatum solvi.* Y a-t-il des actions personnelles dans lesquelles existe la caution *judicatum solvi ?*

97. — *Petitio hereditatis.* — Poser l'hypothèse. — Quelle action l'héritier a-t-il contre le tiers qui possède *pro possessore* ou *pro herede ;* — quelle action a-t-il contre celui qui ne possède pas à ce titre ? — Comment l'héritier saura-t-il à quel titre le tiers détient le bien de la succession ? — Caractères de la revendication ; celle-ci peut-elle porter sur une fraction indivise d'une chose ? — Peut-on revendiquer contre quelqu'un qui, sans dol, a cessé de posséder ? — Gaïus, Loi 17, Dig., *De except. rei judic.*

98. — Du moyen donné à l'héritier pour se faire mettre en possession des biens de la succession. — Si l'hérédité ne comprend que des créances, la pétition d'hérédité peut-elle être intentée ? — Contre qui est intentée la pétition d'hérédité ? — Peut-on poursuivre par cette action tous ceux qui possèdent des biens de la succession à un titre quelconque ? — Que faut-il entendre par posséder *pro herede, pro possessore* ? — Comment savoir à quel titre possède le détenteur d'une chose héréditaire ? — Le fidéicommissaire, titulaire d'un fidéicommis d'hérédité, peut-il intenter la pétition d'hérédité contre ceux qui possèdent, soit *pro possessore*, soit *pro herede*, des biens de la succession ? — La pétition d'hérédité est-elle accordée au *bonorum possessor* ? — De l'*usucapio lucrativa pro herede* ; — ses motifs ; — l'admettait-on quand un héritier avait fait adition ? — L'héritier *jure civili* et le *bonorum possessor* étant deux personnes différentes, le *bonorum possessor* étant nanti de la succession, l'héritier *jure civili* pouvait-il intenter avec succès, contre le *possessor*, la pétition d'hérédité ?

99. — De la *petitio hereditatis utilis*.

100. — Qu'est-ce que l'action paulienne ? Quels en sont les conditions et les effets ? — Que dit la loi *Ælia-Sentia* ? — Contre qui intente-t-on l'action paulienne ? — Quelles sont les conditions requises chez les tiers pour qu'on puisse l'intenter ? — Qui l'intente ? — Qu'obtient-on par l'action paulienne ? Comment s'appellent les actions où le juge ne condamne pas de suite ?

101. — Qu'est-ce que l'hypothèque ? Sur quoi porte-t-elle ? — Origine de l'hypothèque ? — Action servienne. — Hypothèse de l'action servienne. — Comment établir les droits respectifs des créanciers héréditaires ? — Quelles sont les prérogatives du créancier le plus ancien ?

102. — De l'action hypothécaire. — L'action est intentée contre un créancier hypothécaire antérieur ; elle ne réussit pas ; mais quel est alors le nom de l'exception accordée à ce créancier antérieur ? Les créanciers chirographaires peuvent-ils aussi détenir la chose de leur débiteur ? Oui, dans le cas de *missio in possessionem* ; — Mais qui vendra, dans ce cas ?

103. — De la *distractio pignoris*. — Ses formes. — Ses effets. — Cas où la vente est faite par un créancier hypothécaire non *prior*. — Le créancier *prior* a-t-il seul le droit de *distrahere* ?

104. — Du *jus offerendi*.

105. — Devant quel magistrat un demandeur peut-il actionner un défendeur ? *Quid* lorsqu'un défendeur est un citoyen d'un municipe ? — Action *de eo quod certo loco*.

106. — Actions arbitraires ; — origine de ces actions.

107. — *Action de eo certo loco*. — Faire l'hypothèse. — Quelles modifications sont apportées à la formule ? La formule étant arbitraire, le juge pourra-t-il ordonner que le défendeur paie une somme plus forte que celle qu'il a promise ? Pourquoi le peut-il ? — Quelles seraient les conséquences de l'inexécution, par le défendeur, du *jussum* émané du juge ?

108. — **Actions arbitraires.** — Que veut dire ceci : que le demandeur prononcera la condamnation du défendeur ? — Que faut-il entendre par ces mots ; *cum taxatione* et *sine taxatione* ? — Énumérer les actions arbitraires. — Quelles sont les actions arbitraires qui tendent à une restitution ? — Les actions noxales sont-elles arbitraires ? — Quelle est l'originalité de la *condictio furtiva* ? — Quel est le principe de l'action noxale ?

109. — **Action paulienne.** — Y en a-t-il deux ? Expliquer le passage des Instituts.

110. — Distinguer les actions de bonne foi et celles de droit strict. Quelles actions seulement rentrent dans cette division ? Intérêt de cette distinction. — Qu'est-ce qu'une exception ? Parler de l'exception de dol.

111. — **Différences entre les actions** : 1° *Certæ* et *incertæ* ; — de bonne foi et de droit strict ; — *in jus* et *in factum.*

112. — Actions *certæ* et *incertæ* ; — De la *plus petitio.*

113. — **Parler de la société.** — A quelles conditions est-elle formée ? Différence avec notre code civil. — De l'action *pro socio* et de l'action *communi dividundo.* — Expliquer la coexistence de ces deux actions. — Quelles sont les actions où il y a une *demonstratio* ?

114. — Du pouvoir du juge dans les actions mixtes ou divisoires. — Un usufruit appartient à deux personnes, d'une manière indivise : Quels sont alors les pouvoirs du juge ? — Loi 7 § 10 et Loi 10 § 1, Dig., *Communi dividundo.*

115. — Action *rei uroriæ*; ses origines ; — la comparer avec l'action *ex stipulatu.*

116. — Action *quanti minoris*, rédhibitoire.

117. — Conséquences du *furtum ;* — *condictio furtica ;* — action *furti.*

118. — De l'action *ad exhibendum.*

119. — Rapprocher l'exception de dol de l'action *de dolo* et de l'exception *metus.*

120. — **Actions mixtes.** — Parler de la loi Aquilia. — Y a-t-il quelque chose sur le vol dans la loi des Douze-Tables ?

121. — Des actions *in jus, in factum*. — Loi Aquilia. — Action directe, utile, *in factum*. — En quoi l'action utile diffère-t-elle de l'action directe? Quel intérêt y a-t-il à se demander si une exception tend à faire triompher l'équité ou si elle a un but différent?

122. — Quels sont les cas où le dommage causé par un associé à la chose commune ne tombe pas sous le coup de la loi *Aquilia* et où la réparation n'en peut être obtenue que par l'action *pro socio*? — Comparer l'action *pro socio* et l'action *legis Aquiliæ*. En quoi la première est-elle plus avantageuse ou plus défavorable que la seconde?

123. — De la loi *Aquilia*.

124. — *Restitutio in integrum*. — *Restitutio in integrum* réelle.

125. — Du dol. — Période antérieure à la réforme prétorienne. — Dol du tuteur. — Réforme du préteur. — Comparer la *restitutio in integrum* et l'action de dol. — Protection contre le dol commis dans un contrat de droit strict.

126. — Actions noxales.

127. — Les diverses exceptions qu'admet le droit romain sont-elles toutes fondées sur l'équité? — Citer les exceptions basées sur l'ordre public. — Montrer que l'exception *rei judicatæ* peut aboutir à des conséquences contraires à l'équité. — Les mêmes règles s'appliquent-elles aux deux catégories d'exceptions? — Lorsque les textes disent que l'exception de dol est *scripta in personam*, indiquent-ils que seule la victime du dol peut opposer cette exception? — L'exception *quod metus causa* est-elle *in personam scripta*? — Comparer les deux exceptions. — Peut-on dire que l'exception *quod metus causa* est aussi nettement basée sur l'équité que l'exception de dol?

128. — De l'interdit *quorum bonorum*. — Comment peut-on expliquer que cet interdit soit donné contre le véritable héritier? — Parler du concours de l'interdit *quorum bonorum* et de la *possessoria hereditatis petitio*.

129. — Quels sont les moyens qu'a le propriétaire pour recouvrer sa chose? — Interdits *recuperandæ* et *retinendæ possessionis causa*. — Un propriétaire a des actions réelles; a-t-il aussi des actions personnelles? Exemples de semblables actions. — Le propriétaire bailleur a-t-il intérêt à agir *ex locato* plutôt que par la revendication, pour recouvrer la chose qu'il a louée? — Le défendeur condamné à restituer est-il tenu d'une restitution immédiate? — *Quid* au cas d'impenses faites par lui?

130. — *Missio in possessionem* en général. — De la *cautio damni infecti*. — De l'interdit prohibitoire donné par le préteur quand le propriétaire ne veut pas laisser s'effectuer la *missio in possessionem*.

131. — De la maxime : *res judicata pro veritate habetur*. — Définition ; justification. — Cette règle a-t-elle toujours été connue ? — Quand y aura-t-il chose jugée ? — Que signifie *eadem quæstio* ? *Inter easdem personas* ? — Comment faut-il entendre la maxime *res judicata pro veritate habetur* ? — Exceptions à la maxime ; — Est-elle opposable aux ayants-cause à titre particulier ? — Qu'est-ce que l'action *judicati* ? — La formule de l'action *judicati* sera-t-elle toujours délivrée ?

132. — Exposer les voies d'exécution pendant la période classique.

FIN.

Laval. — Imprimerie et stéréotypie E. Jamin.